Erklärung zum Buch-Text:
Zu Ehren **Jesu** und Seines Vaters sind alle Pronomen diesbezüglich großgeschrieben.
Der Name **Jesus** bedeutet »Gott rettet« bzw. »Gott mit uns«.

Christliche Gedichte auf dem Weg

Band 1
Norbert Emilio Betzer

**Christliche Gedichte
auf dem Weg
Band 1**

Impressum

Bibliografische Information der Deutschen Nationalbibliothek:
Die Deutsche Nationalbibliothek verzeichnet diese Publikation in der Deutschen
Nationalbibliografie; detaillierte bibliografische Daten sind im Internet über
http://dnb.dnb.de abrufbar.

Bilder/Grafiken/Cover von "Emilio" und Thomas Lobe

Danke für die Ermutigungen an Dieter Burau, Thomas Lobe und Gloria Scheiber,
die Texte zu veröffentlichen.

Herstellung und Verlag: BoD – Books on Demand, Norderstedt

ISBN: 978-3-75195-408-2

Inhalt

Vorwort

Jesus ist für alle Menschen in diese Welt gekommen, um ihnen bei der Lösung ihrer Probleme zu helfen. Er hat mit seinem Leben gezeigt, wie Nächstenliebe für den Menschen erfahrbar wird. Wie es uns möglich ist, jedem Menschen und auch jedem anderen Lebewesen in dieser Welt zu helfen. Wirklich **alle** Lebewesen aus Leid und Sklaverei der Verweslichkeit in die Freiheit der Unsterblichkeit zu führen!

Von keinem verlangt **Jesus** seine Probleme direkt selbst zu lösen, nein, Er hilft uns wie ein großer Bruder, sie in kleinen Schritten aufzulösen.

Schritt für Schritt, Tag für Tag, wenn wir fallen, hilft Er uns wieder aufzustehen.

Jeden Tag in unserem Leben dürfen wir üben, Ihm in Liebe und Freiheit zu folgen.

Keinem Lebewesen zieht Er den Stuhl unter dem Po weg, im Gegenteil, **Jesus** stellt uns den umgefallenen Stuhl wieder hin!

Wir müssen uns nur setzen und Ihm vertrauen. Vertrauen, dass alle vorangegangenen Probleme der Menschen gelöst sind. Gott selbst hat durch Gnade die Sünde wie Schnee in der Sonne schmelzen lassen. Unsere jetzige Welt im System der Fleischlichkeit macht uns die Überlebensarbeit sehr schwer, jeden Tag kämpfen Menschen seit Jahrtausenden ums Überleben.

Eine Tatsache, die keiner, selbst in unserer modernen Zeit, leugnen kann. Armut und Leid der Dritten Welt schreien jeden Tag zum Himmel.

Jedoch die Tür zurück ins System des Geistes, in den Himmel, steht durch **Jesus Christus** weit offen!

Lasst uns jeden Tag Liebe und Gerechtigkeit üben und folgen wir dann der einzigen Spur in unser Vaterhaus. Finden wir den Weg zur Bibel und feiern im Evangelium, der frohen Botschaft, mit **Jesus** und Gott dort ein großes Fest. Nämlich das Fest der Auferstehung im ewigen Leben.

Der letzte Feind, der vernichtet wurde, ist der Tod.

Jesus Christus hat die Selbstschöpfung (im Fleische) der Menschen durchbrochen und im Vertrauen auf Gott die Auferstehung erwartet und vollzogen.

1. Korinther 15/50

***„Dies aber sage ich, Brüder, dass Fleisch und Blut das Reich Gottes nicht erben können, auch die Vergänglichkeit nicht die Unvergänglichkeit erbt."*[1]**

Mit dem Festhalten am auferstandenen **Jesus Christus** verbindet sich das Loslassen von allen Bindungen des irdischen Lebens. Alle fleischlichen Begebenheiten wie Vergewaltigung, sexueller Missbrauch, Krankheit, Sterben und Tod sind nicht mehr!

In dem von Gott geschaffenen Leib gibt es keine körperlichen Irritationen und kein Leid mehr!

Johannes 6/63

„Der Geist ist es, der lebendig macht; das Fleisch nützt nichts. Die Worte, die ich zu euch geredet habe, sind Geist und sind Leben!"[2]

Jesus hebt alle fleischlichen–körperlichen Naturgesetze auf!

Lukas 20/34-36

„*In der jetzigen Welt heiraten die Menschen und werden verheiratet. Aber diejenigen, die für würdig erachtet werden, von den Toten aufzuerstehen und an der kommenden Welt teilzuhaben, heiraten dann nicht mehr. Sie können dann ja auch nicht mehr sterben, sondern sind den Engeln gleich; als Menschen der Auferstehung sind sie Söhne* (und Töchter) *Gottes.*"[3]

Ausführlicher und besser könnte keine Antwort sein. Die Menschen werden so sein wie der auferstandene **Jesus Christus**.

Johannes 1/13

„Sie wurden es weder aufgrund ihrer Abstammung noch durch menschliches Wollen, noch durch den Entschluss eines Mannes; sie sind aus Gott geboren worden."[4]

1. Mose 1/27 (Genesis)

„Und Gott schuf den Menschen nach Seinem Bild, nach dem Bild Gottes schuf Er ihn; als Mann und Frau schuf Er sie."[5]

Hier schließt sich mal wieder der Kreis von Altem und Neuem Testament und der Abstammung des wirklichen Menschen von Gott.

Jesus Christus als Gottes Sohn war und ist nach Seiner Auferstehung alter und neuer Mensch in der Schöpfung Gottes.

Keine andere Religion auf der Erde kann sagen, dass sie es mit einem lebendigen Gründer zu tun hat. **Jesus Christus** ist gestorben und auferstanden. Alle anderen Religionsgründer sind nur gestorben. Es steht geschrieben: die Wahrheit macht frei! Diese Wahrheit finden wir nur im Menschen **Jesus Christus!**

Leben in der neuen Welt
kein Tod noch Krankheit
hier den Menschen quält
kein Geld mehr zählt
Leben in der neuen Welt

Bruder und Schwester nicht im Streit
Kinder nicht dem Tod geweiht
Leben in der ewigen Zeit
Mensch sein, ganz in Leichtigkeit
Lieben ohne Wertigkeit
Leben in der neuen Welt
Jesus sich an unsere Seite stellt

Gott schafft alle Voraussetzungen für ein glückliches Leben. Er, der alles kennt, weiß ganz genau, dass die Liebe und die Ewigkeit den Tod nicht brauchten!

Liebe will leben, Schönheit und Glück,
alles andere hat Satan nur ins Abseits gerückt!
Verrückt, denn wir brauchen ihn nicht zum Glück!
Liebe hat alles zum ewigen Glück!

Begreift doch, Brüder und Schwestern: Wir sind nicht Kinder der Sklaverei, sondern der Freiheit!

Philipper 3/21

„Er wird unseren unvollkommenen Körper umwandeln und wird ihn Seinem eigenen Körper gleichmachen, der Gottes

Herrlichkeit widerspiegelt. Er hat die Macht dazu, genauso, wie Er auch die Macht hat, das ganze Universum Seiner Herrschaft zu unterstellen."[6]

Epheser 4/2-3

„ Wandelt ... mit aller Demut und Sanftmut, mit Langmut, einander in Liebe ertragend!
Befleißigt euch, die Einheit des Geistes zu bewahren durch das Band des Friedens"[7]

Der Weg aller Menschen, die an den Sohn **Jesus Christus** glauben, in die Gemeinsamkeit! (Weg, Wahrheit und ewiges Leben.)

1. Johannes 4/9-10

„Hierin ist die Liebe Gottes zu uns offenbart worden, dass Gott Seinen eingeborenen Sohn in die Welt gesandt hat, damit wir durch Ihn leben.
Hierin ist die Liebe: Nicht dass wir Gott geliebt haben, sondern dass Er uns geliebt und Seinen Sohn gesandt hat als eine Sühnung für unsere Sünden."[8]

1.   JESUS

Jesus
Gott und Mensch
danke **Jesus**
Du kamst in Barmherzigkeit zu erretten
vergeben in Liebe und Frieden
die Menschen ganz retten
ohne Vorwurf mit Gnade und Güte
ganz im Blick die fleischlichen Nöte
zu reichen uns die Hand
die führt in Frieden ins Vaterland
mit Heilung auf all Deinen Wegen
mit überreichlichem Segen
Du wurdest unser Freund
einer von uns
im Fleisch offenbart
in Gestalt der weltlichen Art
im göttlichen Geist
der uns ewiges Leben verheißt

Danke **Jesus**

nach 1. Timotheus 3/16

GEMEINDE

Jesus Du bist die Quelle des Lebens
keine Wege gehen wir vergebens
unter Flügeln der Güte
kommt Deine Gemeinde zur Blüte
Jesus Du Quelle des Lebens
strahlst immer heller
Du Hüter des Lebens
ewiges Leben reicht uns die Hand
ABBA (Vater), in einem neuen Gewand
wie kostbar ist Deine Güte
Deine Gemeinde in ewiger Blüte
Jesus zeigt uns Vaters Gesicht
ins Herz scheint uns das ewige Licht
die Gemeinde Deine Braut
mit großer Liebe Dir anvertraut
und in Deinem Licht
sehen wir **Jesus** das hellste Licht
Du Quelle des Lebens
wir lieben Dich
Danke **Jesus**
Du Wort des Lebens

3. DEINE LIEBE

Jesus Deine Liebe und Deine Geduld
sind viel größer als unsere Schuld
Deine Liebe und Dein Herz
heilen selbst den größten Schmerz
Menschen geben sich die Hand
in einem großen Liebesland
Freude durchflutet unser Sein
Licht dringt in die Seele ein
Deine Liebe und Dein Herz
heilen selbst den größten Schmerz
lebendig macht nur der Heilige Geist
was Vergebung und Gnade heißt
Deine Liebe und Deine Geduld
sind viel größer als unsere Schuld

Danke **Jesus**

nach Johannes 6/63

4. DU BIST, DER DU BIST

Du bist, der Du bist
wir sehen Dein Gesicht
Jesus steht im Licht
Barmherzigkeit und Liebe
begleiten Deine Wege
Du bist, der Du bist
warst unsichtbar
jetzt sehen wir Dein Gesicht
Jesus bringt uns
Wahrheit, Weg und Leben
Du bist, der Du bist
im Himmel und auf Erden
zu Vaters Ehren
Jesus zeigt uns Dein Gesicht

nach Kolosser 1/15
(Er ist das Bild des unsichtbaren Gottes, der Erstgeborene aller Schöpfung)

5. EVANGELIUM

Die frohe Botschaft lacht dir zu
besiegt ein Mensch
Zeit und Tod im Nu
Frieden jetzt das Leben lenkt
ohne Angst Dir Zukunft schenkt

6. AUF GOTT VERTRAUEN

Auf Gott vertrauen
heißt auf Felsen bauen
auf Gedanken schauen
die der Liebe trauen
das Leben nicht mit Hass verbauen
der Zukunft trauen
Jesus in die Augen schauen
auf Gott vertrauen

Es ist nie zu spät,
auch wenn die Angst dir den Kopf verdreht,
die Vergangenheit an deinem Leben zehrt.
Es ist nie zu spät,
den Wind zu reiten, der dir Flügel gibt
die Einsamkeit in deinem Herzen stirbt.
Es ist nie zu spät,
mit Liebe geh'n den neuen Weg,
du Hand in Hand an der Ecke stehst,
ganz neue Träume jetzt den Kopf verdreht.
Es ist nie zu spät,
Ja zu sagen bis die Nacht dann geht,
Jesus dir die Spur jetzt legt.
Es ist nie zu spät,
es gibt immer einen neuen Weg,
der dir das Glück ins Leben hebt.
Es ist nie zu spät zu gehen den neuen Weg
in **Jesus**!

Danke **Jesus**

8.   **MIT GOTT ZU GEHEN**

Mit Gott zu gehen,
heißt frei zu sein!

Mit Gott zu reisen,
heißt frei zu sein!

Mit Gott zu leben,
heißt frei zu sein!

Zu lieben,
heißt
frei zu sein!

NÄCHSTENLIEBE

Gefallen aus der Wiege.
Menschen hassen Menschen.
Blick ohne Liebe.
Hände suchen Frieden.
Auf den Weltenstraßen
viele arme Menschen liegen.
Bruderliebe leicht gemacht,
in der Nacht der Hunger lacht.
Menschenliebe ohne Kriege,
Hand in Hand nur Bruderliebe.
Siege für die Nächstenliebe.

Danke **Jesus**

10. DIE ZEIT

Hat nicht die Zeit uns alle entzweit,
stand nicht die Zeit an der Ecke bereit,
den Tod zu schenken in nicht ferner Zeit!

Jugend und Alter geteilt,
in schöne und schlechte Zeit.
Haben wir die Zeit,
nicht schon lange bereut.

Jesus hat uns befreit,
von der Fessel der Zeit;
das hat die Kinder der Erde gefreut!

11.   MAMMON

Der Mammon hält nur die Macht,
weil ganz viel Eitelkeit in dir lacht.
Geld regiert die Welt,
dem Teufel es so gefällt.
Neid und Gier dich überfällt,
denn ohne Geld
bist du nichts in dieser Welt.
Macht und Kampf den Alltag hier bestimmt,
Liebe nur wenig für das Kind.

Jesus jetzt den Weg bestimmt,
Er dich ohne Geld auch nimmt,
die Liebe jetzt gewinnt.

12. **JESUS** BRINGT KLARHEIT

Liebe und Wahrheit
geistige Klarheit
Zeugnisse der Liebe
ohne gewalttätige Triebe
leise Siege
aus Sanftmut und Herz
vertreiben schnell
Tod und Schmerz
Zeugnis der Wahrheit
Jesus bringt Klarheit
Gefühl und Verstand
geben sich in Frieden die Hand
Wahrheit und Liebe
Leben ohne fleischliche Triebe
in paradiesischer Liebe
Auferstehung und Tod
endlich Menschen ohne Not
Leben besiegt den Tod
Liebe und Wahrheit
Jesus bringt Klarheit

13.   AUS GOTT GEBOREN

Aus Gott geboren
Kinder ohne Sorgen
keine Angst vor morgen
nicht dem Tod geboren
dem Wort geglaubt
keinem Tier das Fell geklaut
ein Kind der Liebe
ohne Triebe
ewig leben
Vater und Mutter vergeben
aus Gott geboren
auferstanden ohne Sorgen

14.   AUFERSTEHUNG

Und er schuf den Menschen (Adam) nach Seinem Bilde,
als Mann und Frau schuf Er sie! (nach 1. Mose 1/27)

**„denn auch die Schöpfung wird frei werden
von der Knechtschaft der Vergänglichkeit…" (Römer 8/21a)** [9]

Die Unendlichkeit der Sterne zeigt
Gott hält bereit das neue Kleid
Vergänglichkeit gehört der Vergangenheit
Liebe hält das Leben nur bereit
Jesus uns die Zukunft zeigt
Leben in der Ewigkeit
Gott verzeiht!

2. Korinther 5/1
*„Denn wir wissen: wenn unser irdisches Haus, diese Hütte,
abgebrochen wird, so haben wir einen Bau, von Gott erbaut,
ein Haus, nicht mit Händen gemacht, das ewig ist im
Himmel."* [10]

BEGEGNUNG MIT DIR

Tausendmal geweint
lebte verflucht

die Hölle gebucht
Liebe gesucht

Tausendmal geweint
mit Dir entzweit

in Dummheit allein geweilt
das Herz gelebt

den Schmerz einfach weggefegt
Begegnung mit Dir

mit Gott gelebt
Jesus gesucht

Begegnung mit Dir

16. FRIEDEN

Im Abendwind die Blätter sich im Winde wiegen
Singen sie nicht das Lied vom Frieden?
Kinder im Arm der Mutter liegen,
gib uns Frieden!
Der alte Mann im Sterben liegt,
Frieden in seine Augen zieht.
Alle Menschen unserer Welt,
Frieden unsere Herzen nur erhellt!

Ein Hauch von Frieden liegt im Abendwind,
hört ihr, wie der Vogel singt?
Frieden lässt uns Liebe leben,
nicht nach Kampf im Leben streben!
Menschen, die den Frieden verachten,
vergeuden ihre Kraft in Lebens–Schlachten!

Lässt uns unseren Kindern nur noch Frieden schenken,
nicht mehr einen Gedanken an Krieg verschwenden!
Frieden bringt uns Liebe ins Gesicht,
kein Streit verdunkelt unser Licht!
Die Seele jubelnd zum Himmel schwingt,
Frieden,
den nur **Jesus** gibt.

ES WAR DAMALS GANZ ANDERS

Es war damals ganz anders,
im Paradies
kein Verlies machte die Stimmung mies.
Mann und Frau im Kleid der Unendlichkeit,
kein Streit
Bruder und Schwester entzweit.
Liebe im Bann der Ewigkeit
Schöpfung nur aus einer Hand
El Shaddai jedes Herz hier kennt.
Es war damals ganz anders,
im Paradies
kein Streit machte hier die Stimmung mies.
Liebe hier die Richtung wies!

18. SATANS GRÖßTE LIST

Es war Adam der Mensch, der sich verrannte
aus Neugier sich nun selbst erkannte.
Verstört durch diese Welt er rennt
Mann und Frau nun selber Schöpfer sind.
Vom Gotteskind zum Menschenkind
plötzlich schnell die Zeit verrinnt.
Vergessen, dass Freiheit nicht im Fleisch beginnt
der Geist in Unsterblichkeit nach Leben sinnt.
Im Geist der Körper unsterblich war
der Tod, der war ganz sonderbar.
Adam in der Zeit gefangen ist
dies war Satans größte List.
Komm lass uns suchen im ABC der Wörterpracht
dass Adam auch mal wieder lacht.
Von A – Z nach Antwort schreit
der neue Mensch, in **Jesus** ist bereit.

GITTER VERSPERREN DIE SICHT

Gitter versperren die Sicht,
Sehnsucht sucht liebend das ewige Blau.
Leben in Dunkelheit
macht den Alltag ganz grau.
Gitter versperren die Sicht,
doch aufhalten können sie mich nicht.
Die Sehnsucht führt mich in **Jesus**
zum Licht.

20. GELD REGIERT DIE WELT

Geld regiert die Welt,
der Schwache auf die Nase fällt.

Ein Kind den Hunger
in den Händen hält.

Wieso der Reiche
die Nase oben hält?

Bergpredigt den Schwachen
an der Hand dann hält.

Liebe auch mal ohne Geld,
bei **Jesus** nur die Liebe zählt!

nach Matthäus 5/1-10

21. EGO – IS – MUS

Als Adam und Eva lebten im Paradiese,
dachte Luzifer:
„Die treib' ich von der grünen Wiese!"
Muss gebären nur der Menschen Ego
dann muss er sich vor Gott verstecken,
ist doch logo!!!

Muss mit Eva selbst nun Menschen zeugen,
nur vor seinem Bilde jetzt verbeugen.
Verlässt den Pfad einer Gottes–Menschen–Familie,
muss Kinder zeugen weil er stirbt,
ganz viele.
Das Ego sich allemal durchsetzt,
den Bruder mit Eitelkeit verletzt.

Unter Wehen werden die Kinder jetzt geboren,
Frauen gequält von Mutter–Sorgen!
Kain und Abel hau'n sich ab den Kopf;
Luzifer an jede Tür jetzt klopft!

Gott geht traurig von der grünen Wiese.
Überlebensarbeit und Familienstreit
macht das Leben hier ganz miese.

Ego–is–mus hat die Welt erobert,
Streit auf allen Kontinenten wie ein Feuer lodert.
Unsterblichkeit war schnell dahin,
dies hatte Luzifer wohl nur im Sinn.
Denn durch menschliche Egoismus–Schöpfungs–Kraft,
war Nächstenliebe abgeschafft.

SIE GEHEN DEN WEG

Sie gehen den Weg
Eitelkeit im Wege steht
Narzissmus uns das Tor versperrt!
Liebe an der Seele zerrt!
Komm und geh' den Lebensweg
Tod dir nur im Wege steht.
Unendlichkeit in die Wiege dir gelegt.
Zu geh'n den Weg
auf dem die Liebe steht.
Vergänglichkeit dem Tod gehört
Ewigkeit auf deiner Stirn nun steht!

Danke **Jesus**

23. ICH GEH DIE STRAßEN DIESER WELT

Ich geh die Straßen dieser Welt
auf der das Geld nur noch zählt
hatte Einsamkeit gewählt
im Neonlicht der Welt

Ich geh die Straßen dieser Welt
auf der mir **Jesus** fehlt
der von Liebe dann erzählt
Der Einsamkeit ein Schnippchen schlägt
mit mir den Weg dann geht

Hoffnung in die Herzen legt
den Schmerz ganz einfach weggefegt
Hand in Hand der Liebe entgegengeht

Ich geh auf Straßen dieser Welt
auf der die Freundschaft wieder zählt

Ich geh auf Straßen dieser Welt
mal mit und manchmal ohne Geld
auf der die Liebe wieder zählt

FREUT EUCH

Freut euch
Jesus ist mit euch
Liebe dringt
in unser Herz
vertreibt den Weltenschmerz
Freude leuchtet
vom Himmelszelt
Nächstenliebe wieder zählt
Menschen reichen sich die Hand
ABBA Vater
in Deinem Liebesland
Freut euch

nach Philipper 4/4

25. LANGEWEILE

Eine lange Weile suche ich Dich
Zeit zu haben
sehne ich mich
ABBA Vater ich liebe Dich
In Beziehung sein
nicht mehr allein
Einsam
nie mehr sein
Du und ich
nun Hand in Hand
ins Paradies, das Vaterland
eine lange Weile
suchte ich
jetzt seh' ich Dich
Jesus
zeigt mir Dein Gesicht
Langeweile gibt es nicht

Ergeben im Sumpf
der Alltäglichkeit
Begeisterung schreit
Leben, was hältst du bereit
im müden Trott der Alltäglichkeit
Langeweile weit und breit
Liebe schreit
nach Ewigkeit
Im Tanz
der Zweisamkeit
eben ohne Sumpf der Alltäglichkeit
im neuen Kleid
Jesus dir den Weg
jetzt zeigt
Liebe verzeiht

nach 1. Korinther 13

MOMENTE

Vergangen war der Moment
der in der Gegenwart sich selbst erkennt
in Hetze du nach Vorne schaust
der Gegenwart die Chance verbaust
ob gestern oder morgen
nur in der Gegenwart ist Zeit zu borgen
gelernt hast du in der Vergangenheit
was bleibt ist ein Traum
der dir die Zukunft beschreibt
in der Gegenwart dein Leben spielt
sonst hat vielleicht nur ein Traum gesiegt
vergangen ist der Moment
den der Mensch das Leben nennt
Jesus das wahre Leben kennt

28.	DAS WORT

ganz mächtig ist das Wort
schafft Leben
in einem fort
tanzt zwischen Sternen
hin und her
den Geist erfreut
das große Meer
Lebendigkeit aus Freude kommt
sich alles Leben
in der Nähe Gottes sonnt
ganz kraftvoll ist das Wort
schafft Leben aller Ort

nach 1. Mose 1 (Genesis)

ABBA VATER

Du mich in deinen Händen hältst
zur Freude unterm Himmelszelt
mit kleinen Schritten in der Welt
mal mit und auch mal ohne Geld

Dein Herz mir den Regenbogen zeigt
die ganze Farbenpracht für mich bereit
Regentropfen kühlen meine Stirn
vergibst mir meinen Eigensinn

mit offenen Armen stehst Du da
nimmst Sorgen ab, ganz wunderbar
Du mich in deinen Händen hältst
Vater, mir deine Liebe schenkst

Begegnungen jetzt mit Geschwistern lenkst
zur Agape–Liebe unterm Himmelszelt
Du
mich in liebevollen Armen hältst

Danke **Jesus**

nach Lukas 15/11-32

HIN GESEH'N

Hin geseh'n
fünf Sinne auferstehen
sehen, riechen, hören,
schmecken, fühlen
das Nichts besiegen
die Augen glühen
die Seele sieht
das falsche Lebens–Lied
hin geseh'n
ins Paradies mit Glauben geh'n
Jesus seh'n

31.   WELT–FRIEDENS–ZEICHEN

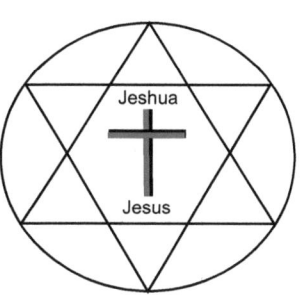

Gott uns das Leben gibt
Worte voll Kraft
haben den Tod besiegt
der Stern von Juda
den Rahmen zeigt
voll Worte der Weisheit
im jüdisch–christlichen Leib
Wir jetzt eine Familie sind
bei ABBA Vater
das Gottes–Kind
Jesus uns ewiges Leben zeigt
in Gnade und nicht in Einsamkeit
Leben in Fülle und Überfluss
steht für ewig bereit
Gott das ewige Leben spricht
Worte voll Kraft
mit Liebe in dein Gesicht
Danke **Jesus**

nach Jeremia 29/11-14

AM ANFANG WAR DAS WORT

Am Anfang war das Wort
was will der Mensch an diesem Erdenort?
Vor gar nicht langer Zeit
er ganz woanders noch verweilt.
Im Schöpfungsrausch dem Tier gelauscht,
der Geist allein in Freiheit lebt,
in Fleischeslust sich umgedreht.
Vom Geist da geht der Körper aus,
im Fleisch dann nur dem Tod gelauscht.
Am Anfang war das Wort.
Warum will der Mensch aus seinem Paradies nur fort?
Die Selbstsucht brachte ihm den Mord.
Am Anfang war der Geist,
der mit seinem Wort
den Weg ins Paradies uns weist.

nach Johannes 6/63

33.   FREU DICH

Freu dich, freu dich
im Herrn
Jesus dir die Hand jetzt gibt
Er ist dein Sieg
in vielen bunten Stunden
bist du mit Ihm verbunden
die Lebensfreude
ganz im Überfluss
dein Lachen ist Ihm ein Genuss
Sein Segen begleitet dich
auf allen Lebenswegen

nach Philipper 4/4

LEBEN GUT

Leben gut
mit Zweifeln und Lachen
ohne Angst mit Mut
dem Leben gut
ohne Zweifel im Leben
ohne Übermut
Leben gut
ganz ohne Wut
Leben und Tod
ohne Not
Jesus im Boot
der in Ewigkeit wohnt
mit Zweifeln und Lachen
den Brüdern Mut nur machen
Leben gut

35. UMKEHR IN LIEBE

Umkehr in Liebe
Menschen, Brüder ohne Triebe
Liebe heilt, bei Gott verweilt
Kein Neid verzeiht
Nur Liebe heilt
Keine Christenkirche mehr entzweit
Jesus hält einen Weg für alle bereit
Eine Kirche für die Ewigkeit
Alle Menschen, für immer vereint

VER–ANTWORT–UNG

Verantwortung zwingt zum Denken
nicht mehr ungeniert
die Sünde lenken
Jesus verleugnen heißt
das Leben dem Tod nur schenken
Bedenken, dass liebende Menschen
nie verwelken
und Antworten den Geist erhellen
wir uns dann zu den unsterblichen Menschen gesellen
Verantwortung zwingt zum Denken
der Antwort wir den Sieg dann schenken
Antwort

37.   SCHENK DER LIEBE

Schenk der Liebe
deinen Weg
Zorn vergeht
Herz vergibt
Jesus dich immer liebt

Jesus verbindet Menschen

die Zeit der Rose
im weißen Kleid
ein neues Gewand
deine Schöpfung
im Hochzeitskleid
in Schönheit und Kraft
der Himmel lacht
Jesus hat uns
die Erlösung gebracht
die Schöpfung jubelt
zum Himmel empor
mit Engeln singend
im
Lobpreis-Chor
die Zeit der Rose
danke Jesus

HEY, LASS DIE WELT SICH DREH'N

Hey, lass die Welt sich dreh'n,
ohne Angst in die Zukunft seh'n.

Hey, lass die Welt sich dreh'n,
mit Dir Hand in Hand neue Wege gehen.
Aus Dunkelheit in die Sonne gehen.

Hey, lass die Welt sich dreh'n,
mit Kinderaugen auch mal Engel seh'n.

Hey, lass die Welt sich dreh'n,
Weil Deine Augen uns mit Liebe seh'n.

Hey, lass die Welt sich dreh'n,
sie bleibt doch niemals steh'n
Mit Fantasie ganz neue Träume gehen,
ohne Angst in die Zukunft seh'n.

Hey, lass die Welt sich dreh'n,
Natur und Mensch zusammen in die Zukunft gehen.

Hey, lass die Welt sich dreh'n,
mit **Jesus** geh'n.

39. LIEBE DEIN LEBEN

Hör' es in den Herzen beben,
dieses wilde bunte Leben!
Stürme fegen entlang deiner Lebens–Uhr,
stehst oft da, verwundert nur!
Liebe durchfährt wie wilde Blitze oft dein Herz,
manchmal spürst du Lebensschmerz.

Oh Herz, du wild dann an zu trommeln fängst,
wie Donnerschlag die Geschicke lenkst!
Leben an allen Ecken In der Natur
stehst oft da, verwundert nur!
Fließe mit in diesem wilden Strom,
laufe nicht vor Angst davon.

Nehme an, die Lebens–Schaukel dieser Welt,
liebe dein Leben und pass auf,
dass keiner runterfällt!
Hör' es wieder in den Herzen beben,
dieses wilde bunte Leben!
Gott hat es dir gegeben!

DU BAUM

stehst da
gepflanzt an deinen Platz
ganz ohne Hast
in Sonne, Wind und Regen
ohne Angst
mit Gottes Segen
du Baum hast Vertrauen
stehst da
am Berg oder im Tal
von klein an hier
ohne Zweifel
sag es mir
du hast Vertrauen
beschwerst dich nicht
auch wenn der letzte Ast
einst bricht
du Baum hast Vertrauen
in Gottes Hand
ich schäme mich
stehst da
ich laufe hin und her
du weißt wohl mehr
mit viel Vertrauen
kann ich lernen von jedem Baum

Matthäus 6/33-34

„Trachtet aber zuerst nach dem Reich Gottes und nach seiner Gerechtigkeit! Und dies alles wird euch hinzugefügt werden. So seid nun nicht besorgt um den morgigen Tag! Denn der morgige Tag wird für sich selbst sorgen. Jeder Tag hat an seinem Übel genug.“[11]

Paulus Saulus = der Erflehte

2. Mose 19/6 (Exodus)
„Und ihr sollt mir ein Königreich von Priestern und ein heiliges Volk sein.
Das sind die Worte, die du den Israeliten sagen sollst."[12]

Dieses Gedicht ist ganz besonders für die Priester der Christen und Juden und für alle Menschen, die der Geist Gottes im Menschen und Gott, **Jesus Christus**, zu sich gerufen hat.

Es ist nie zu spät andere Wege zu geh'n
den Menschen in die Augen seh'n
niemals zu spät sich umzudre'n
Hand in Hand Wege des Friedens zu geh'n.

Es ist nie zu spät auf dein Herz zu hören
tausend Gedanken im Kopf mal umzudre'n
Liebe anstatt Hass zu säen
um Pfade der Versöhnung zu geh'n

Es ist nie zu spät andere Wege zu geh'n
den Wind zu reiten und die Sonne zu seh'n
nie zu spät sich umzudre'n
Mann und Frau der Liebe entgegengeh'n
Kinder nicht mehr im Abseits steh'n
allein rennen ins Weltenland
dass der Hunger nicht ihre Seele fand.

Es ist nie zu spät andere Wege zu geh'n
als mit dem Tod an der Ecke steh'n
auf Sonnenstrahlen dem Licht entgegengeh'n
Hand in Hand Wege der Liebe geh'n

Es ist nie zu spät andere Wege zu geh'n
um mit Gott in unsere Herzen zu seh'n
und die Pfade der Versöhnung geh'n
Es ist nie zu spät
zu **Jesus** zu gehen.

9.11. IRGENDWANN

Aus der mittelalterlichen christlichen Tradition,
steht die Neun kurz vor der vollkommenen Zehn,
wir können wieder durch die Mauer sehn!
Ja, **Christus** starb in der neunten Stund',
wird auch die Neun für uns zum neuen Bund?

Der 9. November war ein wunderbarer Tag,
an dem ein ganzes Volk sich in den Armen lag!

Es lohnt sich aber auch, die Elf mal anzusehn,
liegt sie doch eins über der Zehn!
Ist sie nicht eine Sünde,
weil über den zehn Geboten sie doch stünde!

Es war eine Sünde,
Menschen zu teilen im Vaterland,
wie viele sind in den Tod gerannt,
hier hat sich der Wahnsinn der ganzen Mauer erkannt!

Von der Unvollkommenheit zurück aber zur Neun,
hier fällt mir ein kleines Zigeunergedicht ein:

Hier im Wald am grünen Hage,
steh' ich Armer schon neun Tage,
will mein Liebchen einmal sehn,
hier muss es vorüber gehn.
Hätt' es Küsse mir versprochen,
stände gern ich hier neun Wochen,
würden jemals wir ein Paar,
stände ich hier auch neun Jahr!

9.11., wunderbar,
Herzen jubeln ganz und gar,
für ein deutsches Hochzeitspaar,
reichen Ost und West sich endlich ihre Hand,
für ein freies Menschen–Land!

Mauerblümchen-
Christliche Gedanken und Lyrik
zum 9.11.1989

by Emilio

Novembernacht

Es hat laut gekracht,
es fliegt weg die Diktatorenmacht,
Menschen hören....,
es wird leis' gelacht,
Freudentränen schwemmen weg
-die Macht-
Bruderliebe in der Novembernacht.
Es war keine Schlacht,
nur Liebe in der Nacht,
9. November,
du gewünschte Nacht,
hast uns den Frieden,
wieder näher gebracht!

Danke Jesus

43. DEUTSCHE BESCHEIDENHEIT

Freiheit in Bescheidenheit,
schön,…denn wir wissen,
was uns hat entzweit!
Großer blonder Mann,
du warst bereit,
zu nehmen dir die Welt,
ganz weit,
hast dich verführen lassen,
musstest andere Menschen hassen!
Volkesgrößenrausch,
in Tod und Elend für viele Menschen aufgebauscht.
Schwere Vergangenheit,
gut, dass der Mensch verzeiht!
Standen dann mit dem Rücken an der Wand,
Freiheit,…endlich mal erkannt!
Menschen nicht in Rassen eingeteilt,
sind wir doch ein Welten–Leib!
Für Aufbau und Versöhnung entschieden,
mit diesen Wünschen nicht allein geblieben.
Eine Demokratie uns aufgebaut,
keinem mehr das Land geklaut!
Groß und schön ist Deutschland geworden,
manche andere machen sich schon wieder Sorgen!

Müssen nicht immer Größter, Schönster, Erster sein,
andere Menschen sind hier auch daheim!
Hat uns die Mauer doch gelehrt,
dass Größenwahn nicht lange währt!
Trennungstränen uns so lang gequält,
Toleranz für uns bitte nur noch zählt!!!
Wird Freiheit für unseren Bruder endlich wahr,
bescheiden lasst uns pflegen,
dieses deutsche Paar!

SCHWEIGE NICHT

Schweige nicht,
dir sind Worte gegeben
sie bringen Segen in dein Leben.

Schweige nicht,
denn Gott sprach
es werde Licht,
dein Nächster schaut
dir ins Gesicht
nur die Liebe
ganz die Sünde bricht.

Schweige nicht
Jesus hebt uns hoch
in Vaters Angesicht.

Schweige nicht
liebevolle Worte
uns bringen ins ewige Licht.

Danke **Jesus**

VERGEBUNG IST DA

Vergebung ist da,
Jesus trug alles für uns
ganz wunderbar.
Er, der ohne Sünde war
Gottes Wort geschah
Vergebung ist da
reichte uns die Hand
ins Paradies
das Liebesland
mit Schmerz im Gesicht
angezündet
das größte Licht
Gnade ist da
des Vaters Gunst und Liebe
immer ganz nah
In **Jesus** wird
Seine Barmherzigkeit ganz wahr
Vergebung ist da!

nach Hosea 6/6

NEHEMIA

Mundschenk des Königs
noch in der Fremde
Jerusalem, du Stadt
dein Leben am Ende?
Gott gibt ihm Vision
dann Stein um Stein
mit seinem Volk
ein Baumeister zu sein!
Geführt an Vaters Hand,
die Feinde aus seiner Nähe verbannt!
Hand in Hand,
das Ziel erkannt!
Die Stadt wird aufgebaut
dem Feind keine Macht erlaubt!
Die Mauern steh'n
die Güte Gottes
ist für Sein Volk zu sehn
Einheit brachte hier den Sieg
Gott vergibt
Er seine Menschen liebt!
Danke Vater, dass Du uns Visionen gibst
Nehemia steht für Treue und Sieg

DU BIST AUS GEIST

Du bist aus Geist
Identität im Wort
am falschen Ort
Du bist aus Fleisch
vom Geist verweist
am richtigen Ort
jetzt wieder eins
im Wasser und Geist
das Fleisch zerreißt
Identität ist hin
Leben ohne Sinn
Jesus
aus dem Nichts
dich reißt
im neuen Land
die Liebe dich fand
nun Hand in Hand
ins Vaterland
unterm Regenbogen
mein Zuhause fand
Identität im Wort
im Liebesland

Danke **Jesus**

48. WOZU

Wozu bin ich hier
des Lebens höchste Zier
aus Liebe leben
Wozu
nach Kämpfen streben
Wozu
in Freude singen
dem Schöpfer Lob und Preis
hier bringen
Wozu nach Leistung streben
Jesus
hat uns alles schon gegeben
zeigt Gottes liebevolle Welt
Körper, Geist und Seele
ganz erhellt
Wozu bin ich hier
zu lieben Mensch und Tier
des ewigen Lebens
höchste Zier
Wozu gehört nicht zu mir
denn **Jesus** will
dass ich bin hier!

Danke **Jesus**

IDENTITÄT IN JESUS

Deine Identität
die Frucht des Geistes ist
Liebe, Freude, Friede
leise Siege
Geduld, Freundlichkeit und Güte
bringen uns in die Blüte
Treue, Mühe und Keuschheit
bringen Begierden in die Wahrheit
in **Jesus** siehst du das Licht
Vaters liebevolles Gesicht
Sein Weg ins Leben
in Liebe und Gnade
dir und mir vergeben
den Nächsten, lieben und vergeben
welch ein Segen
der Geist dir Ewigkeit geschenkt
der neue Mensch
in **Jesus**, jetzt dein Leben lenkt
meine Identität, deine Identität
nur noch Frieden und Liebe zählt
vom Menschen–Kind zum Gottes–Kind
wir jetzt Überwinder sind

nach Galater 5/22

by Emilio

by Emilio

Matthäus 5/3-12a[13]

„Glücklich zu preisen sind die
- die arm sind vor Gott – denn ihnen gehört das Himmelreich.

- die trauern –   denn sie werden getröstet werden.

- Sanftmütigen – denn sie werden die Erde als Besitz erhalten.

- die nach der Gerechtigkeit hungern und dürsten –
                         denn sie werden satt werden.

- Barmherzigen –   denn sie werden Erbarmen finden.

- die ein reines Herz haben – denn sie werden Gott sehen.

- die Frieden stiften – denn sie werden Söhne (und Töchter)
                              Gottes genannt werden.

- die um der Gerechtigkeit willen verfolgt werden –
                    denn ihnen gehört das Himmelreich

Glücklich zu preisen seid ihr, wenn man euch um meinetwillen beschimpft und verfolgt und euch zu Unrecht die schlimmsten Dinge nachsagt.

Freut euch und jubelt!

Denn im Himmel wartet eine große Belohnung auf euch.“

(siehe Seite 82)

ALTER ADÉ

Alter adé
Sterben tut weh
ein Blick in den Spiegel
Jugend versiegelt
Grau war die Nacht
dich zum Spielball der Zeit gemacht
von Krankheit gekrümmt
nur die Zeit noch gewinnt

Alter adé
jetzt für ewig in die Zukunft geh
Leben tut nicht mehr weh

Alter adé

54.   LEBEN IN BESCHEIDENHEIT

Leben in Bescheidenheit
nicht dem Geld gefreit

Mensch sein ohne Eitelkeit
vom Bruder nicht entzweit

Neid entzweit
Liebe den Egoist vertreibt

Vernunft in der Schöpfung zeigt
Lebenseinmaleins in Einfachheit

Leben in Bescheidenheit
Neid entzweit

CHRISTLICHE PHILOSOPHIE

Liebe zur Weisheit,
gewonnene Klugheit,
Liebe zum Leben,
der Dummheit vergeben.
Philosophen, die Großen,
ihre Lebenserfahrung nicht verstoßen.
Zu Papier gebracht,
dem Leben zugelacht.
Gedanken der Zukunft geschenkt,
nicht von Zeit und Raum getrennt.
Der Liebe philosophisch die Hand gegeben,
wir können in Frieden und Weisheit leben.
Dem Nichtwissen den Laufpass geben.
Liebe leben.

56.   THEOLOGISCH-PHILOSOPHISCHE BETRACHTUNG DES SELBST

Ein Selbst, das in der Selbstschöpfung entstand, kann sich aus eigener Kraft nicht befreien.

Es ist ein selbstgeschaffenes Selbst, dem gegenüber steht das geschaffene Selbst, gesetzt von Gott.

Von Gott geschaffenes   "Selbst"

In Menschenschöpfung geschaffenes   "Selbst"

Durch das von Gott geschaffene Selbst im Menschen **Jesus** wird das in Eigenschöpfung geschaffene Selbst der fleischlichen Schöpfung des Menschen befreit.

Das in Adam und Eva geschaffene Selbst wird durch das gesetzte Selbst Jesus zurückgeführt zur Kindschaft Gottes.

Nach Cicero geht relegio zurück auf relegere, was wörtlich auflesen oder wieder aufsammeln heißt.

Jesus sammelt in der ganzen Welt das selbstsüchtige Selbst der Menschen ein!

Hieraus entstehen die Religionen und die Sehnsucht nach Religion, eine Zurückbindung an Gott oder dem frommen Bedenken des Ursprungs des Selbst und des menschlichen Seins, dem Wahrnehmen des universellen göttlichen Ursprungs.

Der Mensch kann sich aus eigenem Handeln und eigener Kraft nicht erlösen. Durch **Jesus** handelt Gott an den Menschen und befreite das Selbst aus Sklaverei und Tod. (2. Korinther 5/19)

So wie durch die eine Übertretung Adams im Fleische der Tod entstand, entsteht durch die eine erneute Schöpfung im Geiste in **Jesus** durch Gott das ewige Leben. (nach Johannes 6/63)

57. BLICKE

Blicke in den Morgen,
Blicke in den Tag,
Blicke in die Nacht.

Blicke in deinem Gesicht.

Blicke der Liebe,
Blicke des Zorns.

Gesicht voller Liebe,
Gesicht voller Glück,
Gesicht voller Triebe,
Gesicht voller Angst.

Blicke in deinem Gesicht.

Blicke auf uns,
Blicke auf die Zukunft,
Blicke auf das Tier,
Blicke für mein Kind,
Blicke der Liebe,
Blicke des Menschen,
Augenblicke der Schöpfung.

Blicke in deinem Gesicht.

Vergiss nie die Augenblicke der Liebe.

Blicke in deinem Gesicht.

58.   LIEBESLIED

Ich sehe dich…,
rasendes Herz,
Magen schlecht,
aber echt,
ich liebe dich!
Deine Augen streicheln meine Brust,
ich hab's gewusst,
ich liebe dich!
Ich schau' in den Spiegel,
ich sehe dich,
ich liebe dich!
Dein Herz wärmt mich,
ich kenne dich schon Millionen Jahre,
deine Augen streicheln mich,
du,
ich liebe dich!
Du Frau,
bist du nicht ich und ich du.
Umarme mich,
ich liebe dich!

59. ERLÖSUNG

Wo von denn nur
hier in der Erden–Natur
soll die Erlösung sein,
von Abel und Kain
im Erden–Sein,
sich selbst geboren
heißt Ewigkeit an den Tod verloren
im Fleisches Schöpfungswahn
ihren Kindern ganz viel Leid angetan
Leidenschaft uns hat dahingerafft
Menschenmassen verlassen von Lebenskraft
Erlösung hier vom Erden–Sein
der Mensch tritt in den Himmel ein!
Jesus uns den Mut verleih!

Karfreitag war die Trennung vorbei!

60. ANDERE LEBEWESEN MÜSSEN STERBEN

Andere Lebewesen müssen sterben
damit wir überleben
dem Tod entgegentreten
keine Kraft dem Fleische geben
den Feind besiegen heißt
nicht dem Trieb erliegen
dem Nächsten Liebe schenken
an Vergebung hier nur denken
Leben schenken
nicht an den Tod mehr denken
mit Liebe siegen
der Vergänglichkeit die Krone verbiegen
Auferstehung führt zu Lebenssiegen
Jesus führt zum Menschenlieben
Rache lassen wir links liegen

HELFENDE HÄNDE

Helfende Hände
du den Bruder siehst
sein Leben
etwas in Trümmern liegt
die Schwester
nur noch Tränen sieht
die Last der Erde
fast alle Träume verbiegt
jetzt du Hoffnung bringst
ihr ein Lied der Hilfe singst
die Hand der Nächstenliebe
dir Erleichterung bringt
gemeinsam ein Lied
mit **Jesus** singst
Halleluja
helfende Hände haben gesiegt
Danke **Jesus**
deine Liebe hat sogar den Tod besiegt
Amen

Gewidmet der Gründerin der „Helfenden Hände", Petra Ulbrich

62. AN ALLE KONZERN-MANAGER DIESER WELT

nach Matthäus 25/42-46

Denn ich bin hungrig gewesen und ihr habt mir nicht zu essen gegeben.

Gewinnmaximierung vor Schaffung von Arbeitsplätzen

Ich bin durstig gewesen und ihr habt mir nicht zu trinken gegeben.

6.000 Kinder sterben pro Tag an Wassermangel

Ich bin ein Fremder gewesen und ihr habt mich nicht aufgenommen.

Staatsgebäude und Kirchen stehen leer und werden nicht für Menschen genutzt

Ich bin nackt gewesen und ihr habt mich nicht gekleidet.

Große Konzerne beuten die Drittländer aus (Kinderarbeit und Kinderprostitution)

Ich bin krank und im Gefängnis gewesen und ihr habt mich nicht besucht.

Slums und arme, kranke Menschen dieser Welt, soziale Unterschiede von größter Gewaltigkeit

Dann werden auch sie antworten und sagen: Herr **Jesus**, wann haben wir Dich hungrig oder durstig gesehen oder als Fremden oder nackt oder krank oder im Gefängnis und haben Dir nicht gedient? Dann wird Er ihnen antworten und sagen: Wahrlich, ich sage euch: Was ihr nicht getan habt einem von diesen Geringsten, das habt ihr Mir auch nicht getan. Und sie werden hingehen: diese zur ewigen Strafe, aber die Gerechten in das ewige Leben. [14]

Jesus ist das Ende aller Gleichgültigkeit und Qualen!!!

(siehe Seite 71)

GNADE

Augen ganz klar
in der Tiefe der Seele
ganz offen und wahr
mit Gefühl im Gepäck
ungeahnte Möglichkeiten weckt
Flügel der Phantasie
singen Lieder der Poesie
mit offenem Blick
auch mal der Welt entrückt
im Tanz unterm Regenbogen
Jesus
ganz entgegengeflogen
Augen ganz klar
im Übernatürlichen
wie wunderbar
in göttlicher Liebe
ganz nah
Gnade ist da

Danke **Jesus** für Deinen Weg ans Kreuz
(Gnade = unverdiente Gunst)

HEILUNG

Heilung ist Gottes Wille
schau nicht durch die Verstandesbrille
dein Herz die Wahrheit sieht
Gott dir die Gesundheit gibt
mit Glaube und Liebe
zu Ehren Gottes
ganz viele Heilungs-Siege
Jesus trug alles für dich
Er schämte sich nicht
Krankheit und Schmerz
alles trug Sein liebendes Herz
Gnade ist da
unser Erbe in **Jesus**
ist hier und da
alle Krankheit muss geh'n
wir glückliche Menschen seh'n
im Himmel und auf Erden
ein Segen für alle werden
Danke **Jesus**

(nach Jesaja 53/4)

BEKENNTNIS

Ich glaube,
dass die Kraft **Jesu**
gegenwärtig ist,
um mich zu heilen.
Ich setze meinen Glauben
an **Jesus** frei
und empfange Heilung.

Danke **Jesus**

Licht der Welt
Jesus

Geh den Weg

SCHLUSSWORT

Und Paulus schreibt im 1. Korinther 15/50, dass Fleisch und Blut das Reich Gottes nicht erben können, welches **Jesus** im Gespräch mit Nikodemus (Johannes 3/3+5) bestätigt. „Wahrlich, wahrlich ich sage dir: Wenn jemand nicht aus Wasser und Geist geboren wird, kann er nicht in das Königreich der Liebe (Gottes) hineingehen. Was aus dem Fleisch geboren ist, ist Fleisch und was aus dem Geist geboren ist, ist Geist"!

Es wird gesät in Vergänglichkeit, es wird auferweckt in Unvergänglichkeit! Denn in **Jesaja 25/8** steht schon

„Den Tod verschlingt Er auf ewig!"[15]

„und Gott wird abwischen alle Tränen von ihren Augen." (**Offenbarung 7/17b**)[16]

Verschlungen ist der Tod im Sieg. Denn Gott sandte Sein Wort (**Jesus**) und heilte sie, Er rettete sie aus ihren Gruben. (**Psalm 107/20**)

Jesus hat uns Leben im Überfluss gegeben. (**Johannes 10/10**) Wir empfangen es durch Sein Wort und dieses Leben, die Auferstehungskraft Gottes, bringt uns Leben und Gesundheit für unseren Körper in dieser Welt! „**Der Geist ist es, der lebendig macht; das Fleisch nützt nichts. Die Worte, die ich zu euch geredet habe, sind Geist und sind Leben!**"(**Johannes 6/63**)[17]

Diese Worte der Liebe bringen uns in Beziehung zu unserem Vater und in die Identität in **Jesus Christus**.

1.Korinther 6/17

„Wer aber dem Herrn anhängt ist ein Geist mit Ihm." [18]

2. Korinther 1/19

„Denn der Sohn Gottes, Jesus Christus, der unter euch durch uns gepredigt worden ist, durch mich und Silvanus und Timotheus, war nicht Ja und Nein, sonder in Ihm ist ein Ja geschehen." [19]

Mit Ihm sagt Gott Ja zu allen seinen Zusagen.

Dieses Ja zum Leben und zur Liebe kann nicht besser niedergeschrieben sein. Paulus (Saulus) zeigt uns ganz deutlich den Unterschied zwischen Selbstschöpfung und Gottesschöpfung. Die von Satan verführten Menschen werden aus ihrem, von Gott getrennten, fleischlichen Körper zurückgeführt zu **Jesus Christus** und dem unsterblichen Körper im Himmel, der nicht von Menschen geschaffen wurde, der in Ewigkeit bestehen bleibt.

2. Korinther 5/17-19

„Vielmehr wissen wir: Wenn jemand zu Christus gehört, ist er eine neue Schöpfung. Das Alte ist vergangen; etwas ganz Neues hat begonnen!
Das alles ist Gottes Werk. Er hat uns durch Christus mit Sich selbst versöhnt und hat uns den Dienst der Versöhnung übertragen. Ja, in der Person von Christus hat Gott die Welt mit sich versöhnt, sodass Er den Menschen ihre Verfehlungen nicht anrechnet; und uns hat Er die Aufgabe anvertraut, diese <u>Versöhnungsbotschaft</u> zu verkünden."[20]

2. Korinther 6/1-2

„Als Gottes Mitarbeiter wenden wir uns auch an euch; wir bitten euch: Lasst die Gnade, die Gottes euch schenkt, in eurem Leben nicht ohne Auswirkungen bleiben! Gott sagt ja: »Als es Zeit war, dir meine Gnade zu erweisen, habe ich dich erhört; als der Tag der Rettung kam, habe ich dir geholfen.« (Jesaja 49/8) Seht doch: Jetzt ist die Zeit der Gnade! Begreift doch: Heute ist der Tag der Rettung!"[21]

2. Korinther 6/18

„»So will ich euer Vater sein und ihr sollt meine Söhne und Töchter sein«, spricht der allmächtige Herr!"[22]

Endlich befreit aus der Selbstschöpfung im sterblichen Körper, zurück zum Vater in die Ewigkeit. Leid, Schmerz und Tod sind vergangen! Alle Tränen sind abgewischt und einem Leben in Liebe und Glück steht nichts mehr im Weg! Wir selbst stehen uns nicht mehr im Weg. Aus menschlicher Schöpfung im Fleische wird wieder die Gottesschöpfung im Geiste!

2. Korinther 12/14b

„Denn es geht mir nicht um euren Besitz, es geht mir um euch selbst. Schließlich sollen nicht die Kinder für den Unterhalt ihrer Eltern aufkommen, sondern die Eltern für den Unterhalt ihrer Kinder."[23]

Jesaja 35/9-10

„Kein Löwe wird dort sein, und kein reißendes Tier wird (auf dem Weg) hinaufgehen und dort gefunden werden, sondern die Erlösten werden darauf gehen. Und die Befreiten des Herrn werden zurückkehren und nach Zion kommen mit Jubel, und ewige Freude wird über ihrem Haupt sein. Sie werden Wonne und Freude erlangen, und Kummer und Seufzen werden entfliehen."[24]

Offenbarung 21/4-6

„»Er wird alle ihre Tränen abwischen.
Es wird keinen Tod mehr geben,
kein Leid und keine Schmerzen,
und es werden keine Angstschreie mehr zu hören sein.
Denn was früher war, ist vergangen.«
Daraufhin sagte der, der auf dem Thron saß: »Seht, ich mache
alles neu.« Und Er befahl mir: »Schreibe die Worte auf, die du
eben gehört hast! Denn sie sind wahr und zuverlässig.«
Dann sagte Er zu mir: »Nun ist alles erfüllt. Ich bin das A und
das O, der Ursprung und das Ziel aller Dinge. Wer Durst hat,
dem werde ich umsonst von dem Wasser zu trinken geben,
dass aus der Quelle des Lebens fließt.«"[25]

Anna (9 Jahre alt) für alle Kinder dieser Welt:
Der Himmel ist blau,
der Himmel ist grau,
die Farbe morgens am Himmel erwacht,
damit das Herz aller Weltenkinder lacht.
Jesus, Du bist mit uns eins und unser herrlicher Sonnenschein.

Johannes 16/28

„Ich bin vom Vater ausgegangen und in die Welt gekommen;
ich verlasse die Welt wieder und gehe zum Vater."[26]

Epheser 2/17-22

„Er ist in diese Welt gekommen und hat Frieden verkündet – Frieden für euch, die ihr fern von Gott wart, und Frieden für die, die das Vorrecht hatten, in Seiner Nähe zu sein. Denn Dank Jesus Christus haben wir alle – Juden wie Nichtjuden – durch ein und denselben Geist freien Zutritt zum Vater.
Ihr seid jetzt also nicht länger Fremde ohne Bürgerrecht, sondern seid – zusammen mit allen anderen, die zu Seinem heiligen Volk gehören – Bürger des Himmels; ihr gehört zu Gottes Haus, zu Gottes Familie. Das Fundament des Hauses, in das ihr eingefügt seid, sind die Apostel und Propheten, und der Eckstein dieses Gebäudes ist Jesus Christus selbst. Er hält den ganzen Bau zusammen; durch Ihn wächst er und wird ein heiliger, dem Herrn geweihter Tempel. Durch Christus seid auch ihr in dieses Bauwerk eingefügt, in dem Gott durch Seinen Geist wohnt."[27]

Johannes 6/63a

„Der Geist ist es, der lebendig macht; das Fleisch nützt nichts."[28]

Johannes 16/33

„Das habe ich mit euch geredet, damit ihr in mir Frieden habt. In der Welt habt ihr Angst; aber seid getrost, ich habe die Welt überwunden."[29] Jesus

Karfreitag war die Trennung vorbei!

1. Johannes 4/7-10

„Geliebte, lasst uns einander lieben! Denn die Liebe ist aus Gott; und jeder, der liebt, ist aus Gott geboren und erkennt Gott.
Wer nicht liebt, hat Gott nicht erkannt, denn Gott ist Liebe.
Hierin ist die Liebe Gottes zu uns offenbart worden, dass Gott Seinen eingeborenen Sohn in die Welt gesandt hat, damit wir durch Ihn leben.

Hierin ist die Liebe: Nicht dass wir Gott geliebt haben, sondern dass Er uns geliebt und Seinen Sohn gesandt hat als eine Sühnung für unsere Sünden."[30]

Lieber Leser dieses Büchleins,

mit den Worten der Bibel und der Gabe der Liebe öffnen sich alle Herzenstüren zu unserem Gott und Seinem Sohn **Jesus**.

Alle anderen Antworten findest du in der Bibel.

Denn die Liebe ist die Erfüllung des Gesetzes und der Propheten.

Danke **Jesus**

Matthäus 7/12

„Behandelt eure Mitmenschen in allem so, wie ihr selbst von ihnen behandelt werden wollt. Das ist es, was das Gesetz und die Propheten fordern."[31]

Sprüche 10/12b

„...Liebe aber vergibt alle Vergehen."[32]

Agape-Liebe nach 1. Korinther 13/4-8a

„Die Liebe ist langmütig, die Liebe ist gütig, sie neidet nicht, die Liebe tut nicht groß, sie bläht sich nicht auf, sie benimmt sich nicht unanständig, sie sucht nicht das Ihre, sie lässt sich nicht erbittern, sie rechnet Böses nicht zu, sie freut sich nicht über die Ungerechtigkeit; sondern sie freut sich mit der Wahrheit, sie erträgt alles, sie glaubt alles, sie hofft alles, sie erduldet alles.

Die Liebe vergeht niemals..."[33]

Dies ist das königliche Gesetz der Liebe in **Jesus Christus.**

nach Jakobus 2/8

Johannes 8/23

„Doch Jesus fuhr fort: »Ihr seid von hier unten, ich bin von oben. Ihr seid von dieser Welt, ich bin nicht von dieser Welt.«"[34]

1. Petrus 2/11

„Liebe Freunde, ihr seid nur Gäste und Fremde ‚in dieser Welt'."[35]

Matthäus 23/9

„Auch sollt ihr niemanden hier auf der Erde ‚Vater' nennen, denn nur einer ist euer Vater, der Vater im Himmel."[36]

Fleisch / Geist
Erde
Tod / Leben

WER BIN ICH?

Wir sind Männer und Frauen von Gott erschaffen, von Gott auserwählt, von Gott vorherbestimmt und von Gott gewollt. Weil Gott nicht nur einen ewigen Plan, sondern auch eine ewige Absicht hatte, die nicht nur *für* dich ist, sondern dich einschließt und dich einbezieht.

Epheser 1/5
„Von allem Anfang an hat Er uns dazu bestimmt, durch Jesus Christus Seine Söhne und Töchter zu werden. Das war Sein Plan; so hatte Er es beschlossen."[37]

Apostelgeschichte 17/28
„Denn in Ihm leben, weben und sind wir; wie auch einige Dichter bei euch gesagt haben: Wir sind Seines Geschlechts."[38]

2. Korinther 5/17
„Vielmehr wissen wir: Wenn jemand zu Christus gehört, ist er eine neue Schöpfung. Das Alte ist vergangen; etwas ganz Neues hat begonnen!"[39]

Fleisch / Geist
Erde / Himmel
Tod / Leben

Johannes 5/24

„Wahrlich, wahrlich, ich sage euch: Wer mein Wort hört und glaubt dem, der mich gesandt hat, der hat ewiges Leben und kommt nicht ins Gericht, sondern er ist aus dem Tod in das Leben übergegangen."[40]

Philipper 3/21

„Er wird unseren unvollkommenen Körper umwandeln und wird ihn Seinem eigenen Körper gleichmachen, der Gottes Herrlichkeit widerspiegelt. Er hat die Macht dazu, genauso, wie Er auch die Macht hat, das ganze Universum Seiner Herrschaft zu unterstellen."[41]

2. Korinther 5/1

„Denn wir wissen: wenn unser irdisches Haus, diese Hütte, abgebrochen wird, so haben wir einen Bau, von Gott erbaut, ein Haus, nicht mit Händen gemacht, das ewig ist im Himmel."[42]

Geist
Göttlicher Körper
Ewiges Leben
Freiheit

ÜBER DEN AUTOR

Norbert Emilio Betzer, geboren 1954, aufgewachsen in Deutschland und Spanien, mit viel Sonne im Herzen.

Begegnung mit **Jesus** 1968 und nie mehr Zweifel an der Sohnschaft **Jesu Christi** als Gottes Sohn.

Erste Ausstellungen mit **Jesus Christus** in der modernen Kunst ab 1997.

Entwicklung des Welt-Friedens-Zeichens und Gründung von „**Jesus verbindet Menschen**"

Tiefere Begegnungen mit dem Wort Gottes in dieser Zeit, bis hin zu einem mehrjährigen Besuch einer Bibelschule.

Entwicklung der von Gott gegebenen Talente und Gaben.

Wasser des Lebens

Am Fluss du sitzt
noch leicht verschwitzt
hörst eine leise Stimme
dir Muße sagen
„weg – ich will sie jagen"
die Ruhe ängstigt mich
nach kurzer Zeit
den Stress vertreibt
der Fluss mir sagt
„Schau mich an
sei nicht verzagt
ich sage dir
bin immer hier
und bewege mich doch fort
in Ewigkeit
von Ort zu Ort"

Danke **Jesus**

Molitva

(Gebet)

Molitva podnimayet nas k ukho ottso
mnogo zhelaniy ran'she
kogda my somnevayemsya yego serdtse neset nas
Molitva voznositsya k nebesnym vorotam
on slyshit kazhduyu molitvu
dazhe yesli my vozmushcheny eto ne bespokoit Boga neskolko
byt' v otnosheniyakh v molitve s odnim **Jesus**
v lyubvi s nim byt'
Jesus ochistil ves' grekh
Jesus raschistil put'

QUELLEN

Die jeweiligen Bibelverse sind aus folgenden Ausgaben entnommen:

LB:
Lutherbibel, revidiert 2017, © 2016 Deutsche Bibelgesellschaft, Stuttgart
Mit freundlicher Genehmigung der Deutschen Bibelgesellschaft

EB:
Elberfelder Bibel 2006,
© 2006 by SCM R.Brockhaus in der SCM-Verlagsgruppe GmbH, Witten/Holzgerlingen
Mit freundlicher Genehmigung des SCM-Verlag

NGÜ:
Bibeltext der Neuen Genfer Übersetzung – Neues Testament und Psalmen
Copyright © 2011 Genfer Bibelgesellschaft
Wiedergegeben mit freundlicher Genehmigung. Alle Rechte vorbehalten.

[1] EB
[2] EB
[3] NGÜ
[4] NGÜ
[5] EB
[6] NGÜ
[7] EB
[8] EB
[9] LB
[10] LB
[11] EB
[12] LB
[13] NGÜ
[14] LB

[15] EB
[16] LB
[17] EB
[18] LB
[19] EB
[20] NGÜ
[21] NGÜ
[22] LB
[23] NGÜ
[24] EB
[25] NGÜ
[26] LB
[27] NGÜ
[28] EB

[29] LB
[30] EB
[31] NGÜ
[32] NGÜ
[33] EB
[34] NGÜ
[35] NGÜ
[36] NGÜ
[37] NGÜ
[38] LB
[39] NGÜ
[40] EB
[41] NGÜ
[42] LB